Michael Groißmeiers neuer Gedichtband hat den Garten seiner Kindheit, das Paradies auf Erden zum Thema. In dieses sein Glück brach schon bald die rauhe Wirklichkeit ein: Der Zehnjährige mußte mit ansehen, wie einrückende Amerikaner flüchtende deutsche Soldaten hinterrücks erschossen, ja, einem »nur« Verwundeten den Fangschuß gaben. Seinen Dank für die liebende Zuwendung seiner Eltern, ohne die er dieses grausame Erleben nie hätte verarbeiten können, bringt er in den Gedichten »Die Mutter« und »Der Vater« zum Ausdruck.

Der heutige Garten des Dichters ist entzaubert, ernüchtert, ohne Illusionen. Wie läßt sich nur das Undeutbare deuten und das Unnennbare benennen?

Es sind betörend melodiöse Verse, die der Band in so reich strömender Fülle enthält – eine ganze Abschiedssymphonie, in der aber zugleich die Töne eines *incipit vita nova* hörbar werden. Vollkommene Meisterstücke sind dabei.

Albert von Schirnding zu »Suche nach Avalun«

MICHAEL GROISSMEIER, geboren 1935 in München, Lyriker, lebt in Dachau. Im Allitera Verlag erschienen bereits »Der Zögling« (Autobiographie), »Im Leuchtkäferlicht« (Haiku) und »Suche nach Avalun« (Gedichte), in der Lyrikedition 2000 folgende Gedichtbände: »Mein irdisches Eden«, »Charons Blick« und »Warum genügt uns nicht die Erde?«.

Michael Groißmeier

Garten
meiner Kindheit

Gedichte

Weitere Informationen über den Verlag und sein Programm unter:
www.allitera.de

Bibliographische Information der Deutschen Bibliothek
Die Deutsche Bibliothek verzeichnet diese Publikation in der
Deutschen Nationalbibliographie; detaillierte bibliographische Daten
sind im Internet über <http://dnb.ddb.de> abrufbar.

Februar 2007
Allitera Verlag
Ein Verlag der Buch&media GmbH, München
© 2007 Buch&media GmbH, München
Umschlaggestaltung: Kay Fretwurst, Freienbrink
Herstellung: Books on Demand GmbH, Norderstedt
Printed in Germany · ISBN 978-3-86520-250-5

Nußlaub vor Erkenntnis sprühte,
wie ein Weiser sprach,
ich sein Schüler, der sich mühte,
ihm zu stammeln nach.

AHNUNG

Auf wessen Geheiß
blühen die Kirschbäume weiß?
Auf wessen Gebot
färben die Kirschen sich rot?

Auf wessen Geheiß
atmen wir ein und leben auf unsere Weis?
Auf wessen Gebot
atmen wir aus und sind tot?

Ich ahne, der Ehrenpreis
Antwort mir weiß
wie auch der Steinbrech –
sobald ihre Sprache ich sprech.

FLIEDERBLÜTEN

Sehe ich die hingestreuten
Fliederblüten, denk ich dies und das:
Die mich gestern noch erfreuten,
heut verwelken sie im Gras –

morgen sei der Hingestreute
zu den Fliederblüten ich im Gras,
wisse nicht mehr, was mich freute,
dächte nie mehr dies und das.

PÄONIEN

Päonien, weiße, rote,
sie streun ihm Blatt um Blatt,
damit zu mir der Bote
rotweißen Teppich hat.

Soll folgen ich ihm willig,
so ist es recht und billig,
daß mir, von ihm geführt,
die gleiche Ehr gebührt.

Beim Ruf des Kuckucks

Unruhe, die mich quält,
weil mir der Gauch die Zeit
zu karg bemessen zählt.
Die Zeit, mir prophezeit,

zu kurz für das Gedicht,
das all das noch benennt,
was mir im Sinn so licht
wie Königskerzen brennt.

Die Kuckucksterz

Mir tönt des Kuckucks Terz,
als ob ein Gott mich riefe
zu Schelmerei und Scherz,
zu Traube und Olive.

Läg ich, des Gottes Gast,
beim frohen Accubare,
mir schwände alle Last,
all Ernst der Erdenjahre.

Ich säng dem Gott beim Klang
der Lyra heitre Lieder,
daß er im Überschwang
mich nähm in sein Gefieder.

Mir schlüg ganz nah sein Herz.
Wie mich sein Brustflaum wärmte!
Des Gottes Kuckucksterz
verscheuchte, was mich härmte!

Amselgesang

Schöner mir nichts erklingt
als der Amsel Gesang.
Wenn sie am Abend singt,
ist vor der Nacht mir nicht bang.

Wenn sie am Morgen singt,
ist vor dem Tag mir nicht bang.
Schöner mir nichts erklingt
als der Amsel Gesang.

Wann auch immer sie singt,
ist vor dem Tod mir nicht bang.
Ich hoffe, auch drüben singt
sie eine Ewigkeit lang.

TEICHROSE

Teichrose öffnet sich
im ersten Morgenlicht.
Indessen schreibe ich
den Schlußvers zum Gedicht.

Und hab ich das vollbracht,
mach ich die Augen zu,
dann wird der Tag zur Nacht,
in der ich finde Ruh.

Teichrose, schneeig weiß,
zartrosa angehaucht,
weiß nichts von dem, der, leis
entatmet, nichts mehr braucht.

Blaue und gelbe Iris

Ich lieb die blaue Iris und die gelbe,
und hab an beider Düften mich berauscht,
und doch, ich bin nicht mehr derselbe,
hab ich die Farben Blau und Gelb getauscht.

Die blaue Iris stimmt mich froh und heiter,
die gelbe, ach, verdüstert mir den Sinn:
Die blaue duftet eine Zeitlang weiter,
wenn ich verblichen mit der gelben bin.

Der Phlox

Den Rasen übersät
der Phlox mit weißen Blüten.
Mir ist die Zeit zu spät,
als daß ich mich noch mühte.

Dem Phlox ist's nicht zu spät,
als daß er sich nicht mühte.
Auch mich, mich übersät
er mit den weißen Blüten.

Der früh den Rasen mäht,
mäht auch die weißen Blüten,
und mäht auch mich bis spät,
und nichts kann uns behüten.

Fingerhut

Vom Fingerhut nimmt sich der Wind
den Blütenkelch als Saxophon.
Was lieblich tönte mir als Kind,
heut ist's nicht mehr derselbe Ton.

Ein andrer scheint mir heut der Wind,
ein anderer der Fingerhut,
des Blüten Saxophone sind,
geblasen zwar nicht minder gut,

doch weil auch ich ein andrer bin,
tönt anders mir das Saxophon.
Was mir als Kind nur Jubel schien,
ist Klagelaut ein jeder Ton.

Türkenbund und Skabiose

In einer Aue stund,
spinnwebumsponnen,
der seltne Türkenbund,
still und versonnen.

Mit Blüten, turbangleich,
war er ein Sultan prächtig,
doch war er ohne Reich
und auch nicht mächtig.

Bescheidenen Gewands
die Skabiose
und auch nicht seines Stands
als Turbanlose.

Möcht sie dem Türkenbund
sein Haremsdame?
Ihr schwoll der Blütenmund,
ihm quoll der Same.

BLUMENSPRACHEN

Will sich mein Sinn verdüstern?
Schon hör ich Blumen flüstern,
Spiräen und Astilben.
Sind Düfte worden Silben?

Ich fühle mich bald schläfern,
dann schlafe ich bei Käfern,
und werde ich erwachen,
sprech ich in Blumensprachen.

Die Winde

Die Winde, winzges Ohr,
sie horcht in mich hinein,
und was sie hört, es wird
des Herzens Pochen sein.

Vielleicht vernimmt sie schon
den letzten Paukenschlag,
den ersten zagen Ton
zu einem neuen Tag.

Ackerwinde

Unhörbars zu erlauschen,
der Ackerwinde Trichter?
Mit ihr sein Ohr zu tauschen,
das wünschte sich der Dichter!

Was würd er sich erlauschen,
das ihm den Sinn stimmt lichter –
des Engels Flügelrauschen,
der unterwegs zum Dichter?

Der Weg zurück

Betäubender nie mehr
der Duft der Nachtviolen!
Nun geh ich mit Beschwer
auf brennend heißen Sohlen

den Weg der Kindheit weit
zurück, mir fremd geworden.
Kein Duft gibt mehr Geleit
prunkender Dahlienorden.

Der Garten meiner Lust,
schon längst ist er verwildert.
Den Schmerz in meiner Brust,
kein Wohllaut, der ihn mildert.

Die Drossel ist verstummt,
die mich als Kind entzückt hat.
Rings Nacht, charonvermummt,
die mich dem Tag entrückt hat.

GARTEN MEINER KINDHEIT

Duft der Nachtviolen
in der Kindheit Garten,
da ich saß verstohlen –
um auf was zu warten?

Einer Grille Morsen –
Zukunft mir zu künden?
Nackter Putten Torsen,
Ahnung süßer Sünden.

Luft kam lau gestrichen,
kühlte mir die Wangen.
Niemals ist gewichen
kindliches Verlangen.

Garten meiner Kindheit,
da ich leicht zerstörbar,
nun in Taub- und Blindheit
wird mir seh- und hörbar.

MEIN TRAUMBAUM

Meiner Kindheit Apfelbaum
abgesägt, zerhackt, verheizt,
Freund, der noch in meinem Traum
nicht mit reifen Äpfeln geizt.

Manchen pflück ich mir geschwind,
ehe noch mein Traumbaum schwand.
Wieder bin ich selges Kind,
süßen Apfel in der Hand.

Bin ich aber aus dem Traum
wie mit einem Schlag erwacht,
ist um mich nur leerer Raum
und nur seelenlose Nacht,

und ich spür der Jahre Ring,
der auch meinen Baum umfing,
und ich fühle dessen Schmerz,
der auch mir zerpreßt das Herz.

Das Apfelblütenblatt

Das weiße Apfelblütenblatt,
vom Wind emporgeschaukelt,
von einem Falter, wie das Blatt
so weiß, ward es umgaukelt.

Ob' er im Apfelblütenblatt
gewähnt die Bruderseele
und darob sie umgaukelt hat,
daß sie sich nicht verhehle?

GRÜNER APFEL

Grüner Apfel, der sich rundet.
Daß er mir doch schneller reife
und ich nicht ins Leere greife,
denn der Tag ist nur gestundet!

Grüner Apfel, schnell dich runde,
eh der Tag mir aufgekündigt
und ich führ, des Seins entmündigt,
Paradieses Frucht zu Munde!

WILDER APFEL

Einen wilden Apfel pflück ich mir,
mich mit bittrem Saft zu tränken,
doch den Pfirsich laß ich am Spalier,
Süße würd den Gaumen kränken.

Süße nicht, nur Bitteres vermag
mir die Bitternis zu heilen,
die im Mund sich sammelt Tag für Tag,
kundtut sich in bittren Zeilen.

Die Mutter

Erinnerung an helle Zimmer
mit sandgeschrubbtem Bretterboden, frisch
gewaschnen Vorhängen, und immer
stand eine Vase Blumen auf dem Tisch.

»Ich bin im Moos beim Heueinfahren«,
die Mutter schrieb's auf ein Kalenderblatt,
das sich nach über sechzig Jahren
im »Alten Testament« gefunden hat.

Und weiter schrieb sie: »Deine Jause
findst du im Bratrohr, bin auf d'Nacht zurück!«
Kam von der Schule ich nach Hause,
so buchstabierte ich erst »Hans im Glück«.

Doch sollt ich die Geranien gießen,
die Nähmaschine putzen mit dem Tuch.
Ich hör sie noch die Tür aufschließen,
dann hüllt mich ein der Mutter Heugeruch.

Der Vater

Der Vater war ein Pferdenarr.
Als Roßbub ritt er Bauernrösser
zur Schwemme mitten ins Geschnarr
der Gänse. In der Luft ein Stösser –

den Habicht hat er so genannt.
Auch blies der Vater Es-Trompete.
Ich weiß nicht, ob er Bach gekannt,
gewiß nicht Acheron und Lethe.

Er sprach vom Schlachten an der Somme,
wie einer seiner Kameraden,
ein Jud, im Sterben schrie: »Schalom!«
Der Vater auch kam schwer zu Schaden,

war kriegsversehrt auf Lebenszeit.
Trompete blies er mit Beschwerden,
und sprach er von der Ewigkeit,
dann auf der Weide mit den Pferden.

1945, MIT ZEHN

Auf einem Acker lagen ihrer vier:
Soldaten, Deutsche, auf der Flucht erschossen,
einfache Landser und ein Offizier –
ich sah's durch unsres Gartenzaunes Sprossen.

Am Bahndamm lag ein greiser Volkssturmmann,
der, schwer verwundet, mit den Beinen zuckte.
Ein Ami schoß auf ihn mit seiner *gun*,
indessen ich mich in die Nesseln duckte.

Ich spürte vor Entsetzen keinen Schmerz.
Die Apfelbäume standen prall in Blüte,
vom Amperwald her scholl des Kuckucks Terz,
indes der Alte sich zu sterben mühte.

Hollerbeeren

Hollerbeeren, die uns Kindern,
Durst und Hunger uns zu lindern,
Mund und Lippen schwarzrot färbten.

Bin jetzt einer der Zerscherbten,
selger Kinderzeit Enterbten,
denen Beeren Leid nicht lindern,

denen Beeren Schmerz nicht mindern,
Hollerbeeren, die uns Kindern
Haut und Hände schwarzrot gerbten.

Das Schneckenhorn

Zwischen Eisenhut und Rittersporn
streift ich hin als Kind,
hörte tönen leis das Schneckenhorn,
blies hinein der Wind.

Zauberischer nie klang mir Musik.
Jenes Schneckenhorn,
mir ertönt's noch unter Charons Blick
in ertaubten Ohrn.

Die Weinbergschnecke

Die Weinbergschnecke, die ihr Haus
geduldig auf dem Rücken trägt,
wonach stülpt sie die Fühler aus –
zu tasten, wer die Tage wägt?

Ach, wüßt ich, wer mir wägt die Nacht,
ich müßte nicht mehr traurig sein!
Vor meinem Fuße unbedacht
die Schnecke zieht die Fühler ein.

Der Walnussbaum

Ich saß im Walnußbaum als Kind
auf einem Hochsitz aus zwei queren Ästen,
gehörend zu des Wipfels Wandergästen:
Eichkatze, Eichelhäher, Wind.

Ich war ein seltsam stiller Gast.
Am liebsten hörte ich die andern reden,
verstand ich doch die Sprache eines jeden.
Zu schweigen war mir keine Last.

Und Last ist's mir auch später kaum,
find Ruh ich unter ragenden Zypressen.
Hör ich sie sprechen, freudlos und gemessen,
sehn ich mich nach dem Walnußbaum,

nach Eichkatz, Eichelhäher, Wind.
Ach, Wind, sprichst dann, als seiest du ein andrer,
nicht mehr durchs Walnußlaub der heitre Wandrer,
sprichst ernst, wie's die Zypressen sind!

Unser Walnussbaum

Unser Walnußbaum im Garten
lehrte mich wie Laub zu sprechen.
Manche Jahre mußt ich warten,
mir die erste Nuß zu brechen.

Aber Laub trug er in Fülle,
überschüttend mich mit Schatten,
daß ich meine sonnenmatten
Glieder in die Kühle hülle.

Still den Blätterzungen lauschte
ich verwundert – mich betört' es.
Was im Wind der Wipfel rauschte,
lallte nach ich, nie Gehörtes.

Die Walnuss

Der Walnuß weise Denkerstirn.
Die Weisheit von Jahrtausenden
ist aufbewahrt im Walnußhirn.
Ich lausch dem Laub, dem brausenden,

das abertausendzüngig spricht,
wohl wissend, was die Walnuß denkt.
Lausch ab dem Laub ich ein Gedicht,
ob mir die Hand das Nußhirn lenkt?

DICHTERGARTEN

Die Pergola, umrankt von blauer
Klematis, spendet sanften Schatten.
Dem Windstoß folgt ein Blütenschauer.
Der Falter fröhliches Begatten.

Froh schafft dem Dasein Zeugung Dauer.
Schwertlilie ist bereit zu fechten.
An halb verfallne Trockenmauer
wer schrieb die krause Schrift der Flechten?

Sind Hieroglyphen, tiefgeheime –
als ob Enträtselung sie scheuten.
Der Dichter wird sie sich als Reime,
demütig nachzustammeln, deuten.

ANAKREONTISCH

Mein schattenkühler Garten
ist Eden mir genug.
Ich lausche der bejahrten
Schwarzpappel – sie spricht klug –,

und lausch dem, was mir kehlig
verkündt des Hähers Schrei:
Wer nicht auf Erden selig,
der's drüben auch nicht sei.

Mein schattenkühler Garten
ist Eden mir genug.
Ich brauch nicht lang zu warten
auf edlen Rotweins Krug,

auf eine holde Fraue,
der Minnedienst ich leist.
Ein Schelm, wer Edens Aue,
die minnelose, preist!

Das Windlicht

Das Windlicht leuchtet mir zur Nacht,
sitz ich vor meiner Neige Wein.
Viel Unruh hat der Tag gebracht,
die geht in mir noch aus und ein.

Ich habe dies und das bedacht,
doch Ruhe will in mir nicht sein,
und geht zu End auch diese Nacht,
sitz ich noch vor der Neige Wein.

Schon rötet sich der Himmel sacht,
bald wird es heller Morgen sein.
Das Windlicht, schwindet hin die Nacht,
irrlichtert immer noch im Wein.

Auf Erden

War's Pan, der mir zerschlug den Rotweinkrug?
Ich halte in der Hand nur mehr den Henkel.
Heuschrecke streicht den Flügel mit dem Schenkel.
Aus ihrem Zirpen werde ich nicht klug.

Mir tönt's im Ohr, als sage sie mir wahr,
als läse, Seherin sie, aus den Scherben
den Tag, die Stunde, da ich werd verderben.
Noch hält mich fest das Dasein wunderbar.

Ich atme noch, und das ist mir genug!
Mir schäumt der Rotwein noch in vielen Krügen,
und trinken werd ich ihn in vollen Zügen,
denn drüben gibt es weder Wein noch Krug!

Auf der Gartenbank

Am liebsten sitz ich auf der Gartenbank,
wenn mich die Füße nicht mehr tragen.
Versteckt in der Klematis blau Gerank,
bin ich verschont von klugen Fragen.

Mir selber stehen Fragen auf genug.
Nicht Theologen, Philosophen
mag ich befragen: Ihre Weisheit Trug!
Doch traue ich des Dichters Strophen!

Die letzte Strophe

Die letzte Strophe zum Gedicht,
wie ich auch sinn, ich find sie nicht.

Schreibt sie mir vor der Vogelflug,
klingt an sie in der Kuckucksterz:
das Leben sei nur schöner Trug,
der Tod nichts anderes als Scherz?

Ich halte inne, schreib sie nicht,
die letzte Strophe zum Gedicht.

Mit der Wolken Drift

Schimmert weiß der Wolken Drift
durch das windbewegte Laub,
leg beiseite ich den Stift,
weil die Hand vom Schreiben taub.

Während Schattenlaub und Licht
in chinesisch krauser Schrift
übertuschen mein Gedicht,
treib ich mit der Wolken Drift.

VOR DEM STURZ

Träger wollt ich sein des Lichts,
doch mißfällt mein Übermut.
Wer löscht aus in meinem Blut,
wer, die Fackel des Gedichts?

Sengt die Flügel mir August?
Bin ich Engel vor dem Sturz?
Stürze ich in Engelwurz,
bett sie meine wunde Brust!

Wundklee, Labkraut, kühlt sie nicht!
Fackel, die ich trug mit Lust,
schwelen wird in meiner Brust,
neu aufflammen zum Gedicht!

Toter Dichter

Sein Dichtermund verstummt –
mir aber schweigt er nicht:
In Biengestalt er summt
ins Ohr mir sein Gedicht.

Aus Nachtviolen haucht
er Vers um Vers mir zu.
Sein Dichtermund erlaucht,
er raunt aus Grabesruh

herauf mir sein Gedicht.
Als Zunge aber hat
er, hörbar andern nicht,
vom Immergrün ein Blatt.

WEGWARTE

Am Wegrand wartet sie – auf wen? –,
Wegwarte, der kein Wandrer achtet.
Ich sah – wer hätt es sonst gesehn! –,
wie Wegstaub, der nach Wandlung schmachtet,
zum Bläuling ward, Wegwarten hold.
Fortan steht er in ihrem Sold.

BLÄULING WARD GEZEUGT

Sommermittag spricht
aus dem Mund der Grille,
Zeit, da sich das Licht
paart nun mit der Stille.

Bläuling ward gezeugt:
Kind von Licht und Stille –
Mittag dies bezeugt
mit dem Mund der Grille.

BLÄULING

Meiner nimmst du nicht in acht,
bin nur Schatten dir und Nacht!
Bläuling, ach, du kennst mich nicht!
Oh, ich lieb wie du das Licht,
und ich lieb wie du die Luft,
die aus meiner Erdengruft
mich gleich dir ins Helle heb,
mich mit deinem Blau verweb!

Blauer Falter

Nun bin ich in einem Alter,
da der Bücher liebstes Buch
mir von einem blauen Falter
aufgeschlagner Flügelpsalter,
drin zu lesen ich versuch.

Was an Weisheit, was an Wissen,
das er sich gesogen hat
aus den Nelken, den Narzissen,
werd ich lesen, hingerissen,
aller Menschenweisheit satt?

Pfauenauge, schliess die Lider!

Pfauenauge, schließ die Lider,
deinen Blick ich nicht ertrag,
den ich dennoch immer wieder
such und stets aufs neu befrag,
denn du kennst wohl Stund und Tag,
da ich sink ermattet nieder
und der blaue Sommerflieder
sanft auf meine Augenlider
seine Blüten streuen mag.

Die Wunde

Mit Gladiolenschwertern focht
wer gegen mich: Ich unterlag.
Herabgebrannt sind bis zum Docht
die Königskerzen und der Tag.

Schwertwunde, zugefügt mir sacht,
verborgene und blutend nicht,
in mir hat einen Schmerz entfacht,
der wieder löst sich im Gedicht.

WOHLGESINNT

Auftaucht Mond, der Tümpelmolch.
Weidenblatt: gezückter Dolch.
Lilium: gezognes Schwert.
Bin ich denn des Sterbens wert?

Spinne mir ihr Fangnetz spinnt.
Wer ist mir so wohlgesinnt,
daß er sanfter mich versehrt,
mit der Lilie Schwerthieb ehrt?

Schwertlilien

Mir ist nichts liebenswerter
als sanfte Lilienschwerter,
die nicht verwunden, töten,
das Gras mit Blut nicht röten.

Beginnen die Vigilien,
legt auf die Brust mir Lilien,
zwei überkreuzte Schwerter –
nichts ist an Ehren werter!

Die mir zur Ehr gereichen,
Schwertlilien, sei'n das Zeichen,
daß ich, von Schmerz gedämpft,
den guten Kampf gekämpft.

ROSEN

Wissen Rosen, die blutroten,
aller Bitternisse Grund?
Warum schweigt ihr Blütenmund,
so als hätt's ihm wer geboten?

Wissen Rosen, auch die weißen,
aller Bitternisse Grund?
Warum schweigt ihr Blütenmund,
so als hätt's ihm wer geheißen?

Aber Rosen, weißen, roten,
ist zu duften nicht verboten,
vielmehr, Rosen, roten, weißen,
hat zu duften wer geheißen:

Deut im Duft aus ihrem Mund
aller Bitternisse Grund!

Das Ahornblatt

Könnt ich mit dem Ahornblatt
tauschen meine mürbe Hand,
die stets aufgeschrieben hat,
was an Versen ich erfand,

schrieb ich mit der Ahornhand,
was die meine nicht mehr schreibt,
wissend, daß, was ich erfand,
wohl nur bis zum Laubfall bleibt.

AHORNFRÜCHTE

Ahornfrüchte, blitzend krumme
Türkendolche, gegen wen gezückt?
Stunde naht, da ich verstumme,
Dichter, halb der Erde schon entrückt.

Ja, es ist mein tiefster Kummer,
zu verstummen, eh mein Vers geglückt!
Daß den Nacken träf ein krummer
Dolch, wart unterm Ahorn ich gebückt.

OFFENES FENSTER

Blätter rascheln mir ins Fenster,
Zungen flüsternder Gespenster?
Wie sie flattern, flirren, girren,
meine Zunge mir verwirren,
sie verstören und betören,
ganz auf sie sich einzuschwören!

DES NACHTS

Hör ich des Nachts den Wind
die Wetterfahne drehn,
denk ich, viel Menschenatem ist
in seinem Wehn,
und denk, ein Atemhauch
beweg am Zweig ein Blatt –
hängt's regungslos,
daß wer zu End geatmet hat.

Im Gestirn zu lesen

Im Gestirn zu lesen,
klare Nacht lädt ein.
Bin ich je gewesen?
Werd ich jemals sein?

Im Gestirn zu lesen:
Daß ich bin, ist Schein;
nie bin ich gewesen,
niemals werd ich sein.

VINCENTS OHR

Blutend rot des Monds Fanal:
Vincents abgeschnittnes Ohr!
Wind stimmt an ein Madrigal,
leis fällt ein der Pappeln Chor.

Vincents Qual fand Widerhall:
Wind, der sie aufs neu beschwört.
Wie gemalt von Marc Chagall:
Ohr, das Licht und Farben hört.

VOLLMOND

Mond, zum Elsternei geründet.
Wessen Los wird ausgebrütet?
Was die Elster weise hütet,
Pappel zungenfertig kündet.

Elsternweisheit, Elsternwissen,
so zu Ohren mir gekommen,
wird, befürcht ich, mir nicht frommen;
dennoch lausch ich, hingerissen.

ELSTERNFLUG

Der Elster Flug schwarzweiß.
Des Herzens Rhythmus gleicht
ihr Flügelschlagen leis,
das kaum ein Ohr erreicht.

Mir wird vorm Aug schwarzweiß.
Dem Elsternflügel gleicht
des Engels Flügel – leis
hat er mein Ohr erreicht.

NÄCHTLICHES SCHWIMMEN IM FLUSS

Himmel, der im Fluß sich spiegelt,
scheint mir Schwimmenden entriegelt.
Ließe ich mich sinken auf den Grund,
sänke ich in den gestirnten Sund
zwischen Avalun und Eden,
und es tränk sich satt am Duft mein Mund
paradiesischer Reseden.

Am Fluss

Am Ufer Pappeln,
Reih an Reih.
An Angeln zappeln
Hecht und Schlei.

Der Wipfelwellen
Silbergischt.
Nach Laubforellen
Herbstwind fischt.

Die Fischer staken.
Durch den Mund
den Angelhaken,
wer am Grund?

MUTTERKORN

Eine Walnußschale
nehm ich mir als Boot.
Mutterkorn zermahle,
Wind, zu Abschiedsbrot!

Droht mein Boot zu kentern,
da schon wirkt das Gift,
wird es Charon entern,
der mich sicher schifft.

NACH DER ERNTE

Die Lichter der Lupinen
im Regen längst erloschen.
Verstummt die Dreschmaschinen.
Das Korn, es ist gedroschen.

Viel hab ich eingefahren
an Versen in die Scheuer.
Kein Gut, es aufzusparen,
doch nütz fürs Ofenfeuer –

so mag ein Spätrer denken
und sich die Hände wärmen.
Doch wen sollte dies kränken,
und Staub kann sich nicht härmen!

WESPE

Wespe, schwarz und gelb gestreift,
sei in meinem Garten Gast,
wenn die Mirabelle reift!
Hast du ihren Saft verpraßt,

an der Honigbirn dich lab,
die von Süße überquillt!
Wird die Birne dir zum Grab,
Trunkne, ist dein Durst gestillt!

Vor dem Wandel

Ehe sie im Frost erstarrt,
saugt der Birne Saft die Wespe.
Herz, das seines Wandels harrt,
fühl ich schon als Blatt der Espe.

Wespe, saug dir Süße an,
daß dein Siechen nicht zu bitter!
Herz, ich fürcht, du bist vertan
in der Espe Laubgezitter!

Septemberglut

Spät Septemberglut. Der pralle Kürbis platzt.
Bläuling flattert auf, ihm ist's ein Paukenschlag.
Schwalbenschwarm, der reiselustig schwillt und
   schwatzt.
Ahorn zagt. Weil Daphne dem Apoll erlag?

Mund Apolls, der Daphnes Ahornmund
   brandschatzt?
Wie ich bet, daß Daphne sich Apoll versag!
Ist's im Laub der Wind, Apoll, der lüstern schmatzt?
Mir mach Daphne kußbereit, Septembertag!

Panischer Augenblick

Wenn der Wind Grashalme zupft,
klingt's wie Saiten einer Harfe.
Ziegenbock, der Zartes rupft.
Wes Gesicht birgt seine Larve?

Blick ich den Gehörnten an,
seh ich ihn die Hörner senken.
Sinnt der zornerfüllte Pan,
mir die Glieder zu verrenken?

Hör, wie Wind Halmharfe zupft.
Bin ich denn nicht wund gestoßen?
Ziegenbockes Zunge tupft
nur die Hand mir Atemlosen.

Beim Ruf der Häher

Hebt der Wind an vorzubeten,
hör das Laub ich respondieren;
keins der Worte des Propheten
wird im Nirgend sich verlieren.

Von den Pappelminaretten
rufen Muezzine, Häher,
bald schon brächen meine Ketten,
sei dem Paradies ich näher.

FÖHN

Alle Angst von mir gewichen
unterm Walnußbaum.
Luft kam lau von Süd gestrichen,
blau wie Häherflaum.

Herbstrauch über Tal und Hügel,
föhnig blau durchsonnt,
fiedernd sich zum Häherflügel
bis zum Horizont.

Nußlaub vor Erkenntnis sprühte,
wie ein Weiser sprach,
ich sein Schüler, der sich mühte,
ihm zu stammeln nach.

Peripatein

Durch die Landschaft lang zu streifen,
sie betrachtend, lieb ich sehr,
sehen, wie die Nüsse reifen,
denkend, mir reif keine mehr.

Nüsse mir vom Strauch zu streifen,
eh ich geh, ist mein Begehr.
Möcht wohl glauben, möcht begreifen,
daß ich einmal wiederkehr.

Im Park

Die Götter sind aus Stein,
die Göttinnen nicht minder.
Ich bin aus Fleisch und Bein,
von Versen ein Erfinder.

Ich lieb's, zu gehn allein
und leis zu rezitieren.
Die Götter, zwar aus Stein,
nichts soll sie irritieren.

Die Göttinnen, ich mein,
es könnt mein Vers sie rühren,
ihr Ohr, ist's auch aus Stein,
zum Lauschen er verführen.

Im herbstlichen Park

Seh ich Buchenblätter wehn,
sind's gelöste Zungen.
Über sie hinwegzugehn,
nie ist's mir gelungen.

Träte ich nicht immerfort,
ungeschlachten Schrittes,
einer Blätterzunge Wort,
und ich selbst erlitt' es!

IM LAUBENGANG

Ob ich den Ausgang fänd
noch aus dem Laubengang?
Träum ich? Mir ist so bang,
als griff mit beiden Händ
ich in das blanke Nichts.

Wenn ich den Ausgang fänd
doch aus dem Laubengang,
mir wär nicht minder bang,
nähm mich an beiden Händ
ein Engel puren Lichts.

Mein Schatten

Ich wandre durch die Nacht.
Mein Schatten wandert mit.
Werd ich von ihm bewacht?
Er weicht nicht einen Schritt.

Mein Schatten, habe acht:
Ein andrer wandert mit,
der ist darauf bedacht,
daß ich verfehl den Tritt!

Er folgt mir durch die Nacht
und fällt mir in den Schritt,
bis ich zu Fall gebracht –
Dann reißt's dich, Schatten, mit!

Gehn im Traum

Pferdehaar am Koppeldraht.
Wiehern aus den fernen Ställen.
Krähenschwarm, der schwarz sich naht,
wird er mir den Gang vergällen?

Wind spielt mit dem Pferdehaar
und mit meines Haares Strähne.
Ob ich jemals hüben war,
der ich mich schon drüben wähne!

Leben scheint ein Gehn im Traum,
Sterben Anfang des Erwachens
unter Edens Apfelbaum,
und es ist kein End des Lachens.

GRILLENKONZERT

Grille nächtens geigt mir vor.
Liest sie ab von Noten?
Aber wer schrieb sie ihr vor,
lehrte sie die Noten?

Paganini würde sich,
hörte er sie geigen,
vor der Grille sicherlich
ehrfurchtsvoll verneigen.

Im Gras

Wo ich sitze, unterm Rasen,
was mag Abgestorbnes ruhen!
Heitres Liebesspiel der Hasen.
Dort im Dorf, was west in Truhen?

Heuschreck, hüpf mir an die Hüfte,
daß ich was Lebendigs fühle!
Blasen Moderstaub die Grüfte,
dreht ihn durch die Luft die Mühle.

Unter mir im Gras ein Graben.
Was gräbt da mit Maulwurfshänden?
Wesen, welche scharrn und schaben,
daß sie einen Ausgang fänden?

Gefangen

In wessen Faust bin ich gefangen?
Bin ich noch Heupferd und in Kinderhand?
Werd ich die Freiheit je erlangen,
entkommen in ein fernes Gräserland?

Die Faust, sie hält mich fest umschlossen.
Ich wünscht, es wäre eines Kindes Hand,
dann käm ich frei! Unter den Rossen
das kleinste, hüpft ich bis nach Samarkand!

GRUMMET

Die Telegraphendrähte,
wie Harfen tönen sie aus Glas:
Ich sei der baldig Hingemähte,
denn alles Fleisch, es sei wie Gras.

Die Telegraphendrähte,
sie harfen tröstlich mir auch das:
Ich werd auch sein der Ausgesäte,
und sprießen werd mein Fleisch wie Gras.

Herbstzeitlose

Herbstzeitlose, Pfeil,
auf mich abgeschossen?
Blieb die Brust mir heil?
Blut ist nicht geflossen.

Ist die Brust auch heil,
keine Wunde offen,
schmerzt mich doch der Pfeil,
der mich nicht getroffen.

DISTELSAMEN

Kann ich den Arm nicht heben,
fühl ich den Fuß erlahmen,
dann wünschte ich zu schweben,
zu sein schon Distelsamen,

und wenn der Wind ihn bliese
in eine milde Mulde
der Asphodeloswiese,
daß sie die Distel dulde!

ZUGVOGELZEIT

Unermüdlich schreibt die Hand
Zeile mir um Zeile.
Zu entfliehn dem Nebelland,
Starenschwarm in Eile.

Deute ich den Vogelzug,
ausgeschwärmt nach Süden,
wird die Hand – wär es doch Trug! –
bald schon mir ermüden.

Lischt das Königskerzenlicht,
wird die Hand erlahmen.
Staub, schreib unter mein Gedicht
du dann deinen Namen!

Gute Erde

Wind, des Herbstes Küster,
löscht die Königskerzen aus.
Der Klematis Lüster
längst gelöscht vorm Gartenhaus.

Kandelaber, leere,
Rittersporns und Eisenhuts.
Rotdorns letzte Beere.
Ist's ein Tropfen meines Bluts?

War ich zu begehrlich?
Wollt ich greifen, was nicht mein?
Erde, du bist ehrlich,
gute Erde, laß mich ein!

Plötzlicher Schmerz

Geißelt wer mit Ruten
meinen bloßen Rücken?
Will er sich am Bluten
meines Leibs entzücken?

Möchte nach Kamillen
einer sich doch bücken,
mir das Blut zu stillen,
sie ins Wunde drücken!

Mag wer weiterwüten –
seine Dornenruten
sänftigen bald Blüten,
stillen mir das Bluten!

ROTDORN

Ich seh im Nachtwind sacht
sich Rotdornzweige wiegen
und sich, mir zugedacht,
zur Dornenkrone biegen.

Sei ich auch guten Muts,
der Dorn wird mich versehren.
Bald hangen Tropfen Bluts
an ihm statt roter Beeren.

Spät im Oktober

Nie röter warn die Berberitzen
als heut an diesem späten Tag.
Ein letztes Mal will sich erhitzen,
was morgen schon ersterben mag.

Was bin ich heut noch guten Mutes,
wenn morgen schon der Schnee mich deckt?
Ein letztes Aufwalln meines Blutes,
das ärger als das End mich schreckt.

Nie röter warn die Berberitzen
als heut an diesem späten Tag.
Ich laß mich von den Dornen ritzen,
daß ich die Dornenkron ertrag.

REGENNACHT

Ich hör den Regen reden.
Verstünd ich, was er spricht!
Meint er nur mich, nicht jeden?
Ich weiß es nicht, ich nicht!

Er soll nur weitersprechen!
Vielleicht versteh ich ihn,
wenn ich, schon am Zerbrechen,
bald seinesgleichen bin.

Das Wasser meiner Augen,
Ist es nicht seiner Art?
Mag es dem Regen taugen,
so sei es ihm sein Part!

Am Meer

Bald werd ich sein am Meer der Sand,
den Wind verweht zum Dünenhügel,
ihn formt zu dem, was meine Hand
gewesen war: ein Möwenflügel.

Zur Muschel wieder wird mein Mund.
Dem Wandrer geben ihre Schalen,
zum Totenmund geöffnet, kund:
all Fleisch, es werd zu Sand zermahlen.

Strandhafer, falb, mein wehend Haar,
und aus dem Wasser meiner Augen,
das einmal Meereswasser war,
wird alles Salz das Salzkraut saugen.

FREI

Wie lang noch werde ich geduldet?
Wie lang noch ist es mir erlaubt,
zu atmen, der ich viel verschuldet?
Bis sich der Ahorn hat entlaubt?

Wann aber, wann bin ich entschuldet –
wenn sich der Ahorn neu belaubt
und meine Hand dem Ahornblatt,
nachdem Verwesung sie erduldet,
nun frei, sich anverwandelt hat?

Das Lehn

Den Atem haben wir zum Lehn,
und ist er ausgehaucht, verraucht,
dann ist geschehn wie nicht geschehn.
Der Wind verschmäht ihn, weil zum Wehn
den Menschenatem er nicht braucht,
und der uns Odem eingehaucht,
er fordert es zurück, das Lehn:
dann ist geschehn wie nicht geschehn.

Wir Sehende, wir Lebende

Die Blinden sehn,
was Sehende nicht sehn.
Ob sie inmitten eines Lichtes stehn,
an dem wir blind vorübergehn?

Die Toten sehn,
was Lebende nicht sehn.
Ruhn sie in eines lichten Geistes Wehn,
um den geblendet wir uns drehn?

Wir Sehende, wir müssen all erblinden,
wir Lebende, wir müssen zu den Toten gehn –
Wird er uns dann der Nacht entbinden,
den stets wir suchen, doch nie finden?

Eisblumen

Eisblumen zu behauchen,
als Kind war's mir das liebste Spiel.
Im heißen Atemrauchen
zerschmolzen Blüte, Blatt und Stiel.

Eisblumen zu behauchen,
als Alter laß ich dieses Spiel,
denn meines Atems Fauchen,
nicht taut es Blüte, Blatt und Stiel.

Die Pfeife still zu schmauchen,
das ist mir jetzt das liebste Spiel,
in Ringe Rauchs zu tauchen,
umrankt von Blüte, Blatt und Stiel.

Die Schrift

Des Ammernfußes Spur,
dem Schnee sanft eingedrückt,
ich lese sie beglückt,
die Schrift der Kreatur.

Was aus der Signatur
des Ammernfußes spricht,
vielleicht läßt es sich nur
enträtseln im Gedicht.

Schnee auf alten Zweigen

Schnee auf alten Zweigen,
zärtlich von der Hand befühlt.
Allzulanges Schweigen
hat den Mund mir ausgekühlt.

Nichts soll ihn mehr wärmen,
und ich stopf ihn voll mit Schnee,
daß kein Laut soll lärmen,
wenn ich unter Schmerzen geh.

VERGEBENS?

Blüht an das Fenster mir Jasmin?
Schneeflocken sich zu Blüten ballen!
Ich lausch des Windes Matutin,
indes mir wachsen Rosengallen

in Fleisch und Eingeweid. Dahin
schon längst die Hälfte meines Lebens!
Daß ich gelesen Hölderlin,
soll dies und andres sein vergebens?

Wundrose, wundersame Blume

Wundrose, wundersame Blume,
genährt von wundersamer Krume:
zerfallend Fleisch, das im Verwesen
zur Blüte purpurrot emporgeflammt.

Bin je zur Auferstehung ich verdammt,
mag sie, die Seele, mir genesen,
mein Staub jedoch geh ein in Edens Krume,
zu nährn die Rose, Paradieses Blume!

Nun geht der Tag zur Neige

Nun geht der Tag zur Neige,
und es ist Zeit, zu rasten.
Ich lege meine Geige
behutsam in den Kasten,

bereite mich, zu rasten,
zu schlafen bis zur Neige
in meinem Schlummerkasten,
verhüllt wie meine Geige.

Letzte Nacht?

Im Stundenglas der Nacht
verrieselt Stern um Stern.
Ich bin davon erwacht,
zerbeiße Kern um Kern.

Der Morgen, nicht mehr fern,
ist er mir zugedacht?
nie bittrer war ein Kern,
als sei's die letzte Nacht.

Das Sterben

Das Sterben – nur ein Augenblick.
Mit einem einzgen Faustschlag bricht
der Tod dir zärtlich das Genick.
So spürst du es, das Sterben, nicht.

Der Tod – er ist dir wohlgesinnt.
Mag hart dir scheinen seine Faust,
die auf den Nacken niedersaust,
noch schneller als der Sand verrinnt,

sie hat am End dir wohlgetan,
dir Schmerz erspart und Leidensnacht,
und Charon flößt in seinem Kahn
dich übern Acheron ganz sacht.

Inhalt

Ahnung 7
Fliederblüten 8
Päonien 9
Beim Ruf des Kuckucks 10
Die Kuckucksterz 11
Amselgesang 12
Teichrose 13
Blaue und gelbe Iris 14
Der Phlox 15
Fingerhut 16
Türkenbund und Skabiose 17
Blumensprachen 18
Die Winde 19
Ackerwinde 20
Der Weg zurück 21
Garten meiner Kindheit 22
Mein Traumbaum 23
Das Apfelblütenblatt 24
Grüner Apfel 25
Wilder Apfel 26
Die Mutter 27
Der Vater 28
1945, mit zehn 29
Hollerbeeren 30
Das Schneckenhorn 31
Die Weinbergschnecke 32
Der Walnußbaum 33
Unser Walnußbaum 34
Die Walnuß 35
Dichtergarten 36
Anakreontisch 37
Das Windlicht 38
Auf Erden 39

Auf der Gartenbank 40
Die letzte Strophe 41
Mit der Wolken Drift 42
Vor dem Sturz 43
Toter Dichter 44
Wegwarte 45
Bläuling ward gezeugt 46
Bläuling 47
Blauer Falter 48
Pfauenauge, schließ die Lider! 49
Die Wunde 50
Wohlgesinnt 51
Schwertlilien 52
Rosen 53
Das Ahornblatt 54
Ahornfrüchte 55
Offenes Fenster 56
Des Nachts 57
Im Gestirn zu lesen 58
Vincents Ohr 59
Vollmond 60
Elsternflug 61
Nächtliches Schwimmen im Fluß 62
Am Fluß 63
Mutterkorn 64
Nach der Ernte 65
Wespe 66
Vor dem Wandel 67
Septemberglut 68
Panischer Augenblick 69
Beim Ruf der Häher 70
Föhn 71
Peripatein 72
Im Park 73
Im herbstlichen Park 74
Im Laubengang 75

Mein Schatten 76
Gehn im Traum 77
Grillenkonzert 78
Im Gras 79
Gefangen 80
Grummet 81
Herbstzeitlose 82
Distelsamen 83
Zugvogelzeit 84
Gute Erde 85
Plötzlicher Schmerz 86
Rotdorn 87
Spät im Oktober 88
Regennacht 89
Am Meer 90
Frei 91
Das Lehn 92
Wir Sehende, wir Lebende 93
Eisblumen 94
Die Schrift 95
Schnee auf alten Zweigen 96
Vergebens? 97
Wundrose, wundersame Blume 98
Nun geht der Tag zur Neige 99
Letzte Nacht? 110
Das Sterben 101